Die Weihnachtszeit ist wieder da

GEDICHTE

Jan Thorbecke Verlag

Inhalt

- 4 JAMES KRÜSS *Tannengeflüster*
- 5 JOACHIM RINGELNATZ *Vorfreude auf Weihnachten*
- 6 HEINRICH HOFFMANN VON FALLERSLEBEN *Der Traum*
- 8 FRIEDRICH WILHELM KRITZINGER *Es ist Advent!*
- 10 ERNST VON WILDENBRUCH *Weihnacht*
- 12 FRIEDRICH SPEE *Zu Bethlehem geboren*
- 14 RAINER MARIA RILKE *Advent*
- 15 WILHELM BUSCH *Der Stern*
- 16 GUSTAV FALKE *Weihnachtsbäume*
- 18 JAKOB LOEWENBERG *Weihnachten bei den Großeltern*
- 20 ARNO HOLZ *Auf einem Berg aus Zuckerkant*
- 22 THEODOR STORM *Weihnachtslied*
- 23 THEODOR FONTANE *Weihnachtszeit*
- 24 PAUL GERHARDT *Ich steh an deiner Krippen hier*
- 27 HANS CHRISTIAN ANDERSEN *Weihnachtslied*
- 28 JOACHIM RINGELNATZ *Schenken*
- 29 PAULA DEHMEL *Weihnachtsschnee*

30 FRIEDRICH WILHELM GÜLL *Vor dem Christbaum*

32 FERDINAND VON SAAR *Christnacht*

33 JAMES KRÜSS *Die Weihnachtsmaus*

36 ROBERT REINICK *Der Weihnachtsaufzug*

39 WILHELM LOBSIEN *Winternacht*

40 ANTON JOSEPH OHORN *Weihnachten*

42 DETLEV VON LILIENCRON *Seht! der jetzt hier vor euch steht*

44 KARL LUDWIG THEODOR LIETH *Der Christabend*

45 RAINER MARIA RILKE *Es gibt so wunderweiße Nächte*

46 KARL VON GEROK *Vor Weihnachten*

48 MAX DAUTHENDEY *Weihnachten*

50 JAKOB LOEWENBERG *An der Straßenecke*

52 ANGELUS SILESIUS *Du allerschönstes Bild*

54 JOHANN WOLFGANG VON GOETHE *Epiphanias-Fest*

56 PAULA DEHMEL *Sankt Niklas' Auszug*

60 ERNST SCHERENBERG *Der erste Weihnachtsbaum im eigenen Heim*

61 ARNO HOLZ *Und wieder nun lässt aus dem Dunkeln*

Tannengeflüster

Wenn die ersten Fröste knistern,
In dem Wald bei Bayrisch-Moos,
Geht ein Wispern und ein Flüstern
In den Tannenbäumen los,
Ein Gekicher und Gesumm
Ringsherum.

Eine Tanne lernt Gedichte,
Eine Lärche hört ihr zu.
Eine dicke, alte Fichte
Sagt verdrießlich: Gebt doch Ruh!
Kerzenlicht und Weihnachtszeit
Sind noch weit!

Vierundzwanzig lange Tage
Wird gekräuselt und gestutzt
Und das Wäldchen ohne Frage
Wunderschön herausgeputzt.
Wer noch fragt: Wieso? Warum?
Der ist dumm.

Was das Flüstern hier bedeutet,
Weiß man selbst im Spatzennest:
Jeder Tannenbaum bereitet
Sich nun vor aufs Weihnachtsfest,
Denn ein Weihnachtsbaum zu sein:
Das ist fein!

JAMES KRÜSS (1926–1997)

Vorfreude auf Weihnachten

Ein Kind – von einem Schiefertafel-Schwämmchen
Umhüpft – rennt froh durch mein Gemüt.

Bald ist es Weihnacht! – Wenn der Christbaum blüht,
Dann blüht er Flämmchen.
Und Flämmchen heizen. Und die Wärme stimmt
Uns mild. – Es werden Lieder, Düfte fächeln. –

Wer nicht mehr Flämmchen hat, wem nur noch Fünkchen glimmt,
Wird dann doch gütig lächeln.

Wenn wir im Traume eines ewigen Traumes
Alle unfeindlich sind – einmal im Jahr! –
Uns alle Kinder fühlen eines Baumes.

Wie es sein soll, wie's allen einmal war.

JOACHIM RINGELNATZ (1883–1934)

Der Traum

Ich lag und schlief; da träumte mir
Ein wunderschöner Traum:
Es stand auf unserm Tisch vor mir
Ein hoher Weihnachtsbaum.

Und bunte Lichter ohne Zahl,
Die brannten ringsumher;
Die Zweige waren allzumal
Von goldnen Äpfeln schwer.

Und Zuckerpuppen hingen dran;
Das war mal eine Pracht!
Da gab's, was ich nur wünschen kann
Und was mir Freude macht.

Und als ich nach dem Baume sah
Und ganz verwundert stand,
Nach einem Apfel griff ich da,
Und alles, alles schwand.

Da wacht' ich auf aus meinem Traum,
Und dunkel war's um mich.
Du lieber, schöner Weihnachtsbaum,
sag an, wo find' ich dich?

Du war es just, als rief er mir:
„Du darfst nur artig sein;
Dann steh' ich wiederum vor dir;
Jetzt aber schlaf nur ein!

Und wenn du folgst und artig bist,
Dann ist erfüllt dein Traum,
Dann bringet dir der Heil'ge Christ,
Den schönsten Weihnachtsbaum.

Heinrich Hoffmann von Fallersleben
(1798–1874)

Es ist Advent!

Die Blumen sind verblüht im Tal, die Vöglein heimgezogen;
Der Himmel schwebt so grau und fahl, es brausen kalte Wogen.
Und doch nicht Leid im Herzen brennt: Es ist Advent!

Es zieht ein Hoffen durch die Welt, ein starkes, frohes Hoffen;
Das schließet auf der Armen Zelt und macht Paläste offen;
Das kleinste Kind die Ursach kennt: Es ist Advent!

Advent, Advent, du Lerchensang von Weihnachts Frühlingsstunde!
Advent, Advent, du Glockenklang vom neuen Gnadenbunde!
Du Morgenstrahl von Gott gesendt! Es ist Advent!

Friedrich Wilhelm Kritzinger (1816–1890)

Weihnacht

Die Welt wird kalt, die Welt wird stumm,
Der Winter-Tod zieht schweigend um;
Er zieht das Leilach weiß und dicht
Der Erde übers Angesicht –
Schlafe – schlafe

Du breitgewölbte Erdenbrust,
Du Stätte aller Lebenslust,
Hast Duft genug im Lenz gesprüht,
Im Sommer heiß genug geglüht,
Nun komme ich, nun bist du mein,
Gefesselt nun im engen Schrein –
Schlafe – schlafe

Die Winternacht hängt schwarz und schwer,
Ihr Mantel fegt die Erde leer,
Die Erde wird ein schweigend Grab,
Ein Ton geht zitternd auf und ab:
Sterben – sterben.

Da horch – im totenstillen Wald
Was für ein süßer Ton erschallt?
Da sieh – in tiefer dunkler Nacht
was für ein süßes Licht erwacht?
Als wie von Kinderlippen klingt's,
Von Ast zu Ast wie Flammen springt's,
Vom Himmel kommt's wie Engelsang,
Ein Flöten- und Schalmeienklang:
Weihnacht! Weihnacht!

Und siehe – welch ein Wundertraum:
Es wird lebendig Baum an Baum,
Der Wald steht auf, der ganze Hain
Zieht wandelnd in die Stadt hinein.
Mit grünen Zweigen pocht es an:
„Tut auf, die sel'ge Zeit begann,
Weihnacht! Weihnacht!"

Da gehen Tür und Tore auf,
Da kommt der Kinder Jubelhauf,
Aus Türen und aus Fenstern bricht
Der Kerzen warmes Lebenslicht.
Bezwungen ist die tote Nacht,
Zum Leben ist die Lieb' erwacht,
Der alte Gott blickt lächelnd drein,
Des lasst uns froh und fröhlich sein!
Weihnacht! Weihnacht!

Ernst von Wildenbruch (1845–1909)

Zu Bethlehem geboren

Zu Bethlehem geboren,
Ist uns ein Kindelein,
Das hab' ich auserkoren,
Sein eigen will ich sein.
Eia, eia, sein eigen will ich sein.

In seine Lieb' versenken
Will ich mich ganz hinab;
Mein Herz will ich ihm schenken
Und alles, was ich hab',
Eia, eia, und alles, was ich hab'.

O Kindelein, von Herzen
Will ich dich lieben sehr,
In Freuden und in Schmerzen
Je länger und je mehr,
Eia, eia, je länger und je mehr.

Die Gnade mir doch gebe,
Bitt' ich aus Herzensgrund,
Dass ich allein dir lebe
Jetzt und zu aller Stund',
Eia, eia, jetzt und zu aller Stund'.

Dich, wahren Gott, ich finde
In unser'm Fleisch und Blut;
Darum ich mich dann binde
An dich, mein höchstes Gut,
Eia, eia, an dich, mein höchstes Gut.

Lass mich von dir nicht scheiden,
Knüpf' zu, knüpf' zu das Band
Der Liebe zwischen beiden;
Nimm hin mein Herz zum Pfand,
Eia, eia, nimm hin mein Herz zum Pfand!

Friedrich Spee (1591–1635)

Advent

Es treibt der Wind im Winterwalde
Die Flockenherde wie ein Hirt,
Und manche Tanne ahnt, wie balde
Sie fromm und lichterheilig wird,
Und lauscht hinaus. Den weißen Wegen
Streckt sie die Zweige hin – bereit,
Und wehrt dem Wind und wächst entgegen
Der einen Nacht der Herrlichkeit.

Rainer Maria Rilke (1875–1926)

Der Stern

Hätt einer auch fast mehr Verstand
Als wie die drei Weisen aus Morgenland
Und ließe sich dünken, er wär wohl nie
Dem Sternlein nachgereist wie sie;
Dennoch, wenn nun das Weihnachtsfest
Seine Lichtlein wonniglich scheinen lässt,
Fällt auch auf sein verständig Gesicht,
Er mag es merken oder nicht,
Ein freundlicher Strahl
Des Wundersternes von dazumal.

Wilhelm Busch (1832–1908)

Weihnachtsbäume

Nun kommen die vielen Weihnachtsbäume
Aus dem Wald in die Stadt herein.
Träumen sie ihre Waldesträume
Wieder beim Laternenschein?

Könnten sie sprechen! Die holden Geschichten
Von der Waldfrau, die Märchen webt,
Was wir uns erst alles erdichten,
Sie haben das alles wirklich erlebt.

Da steh'n sie nun an den Straßen und schauen
Wunderlich und fremd darein,
Als ob sie der Zukunft nicht trauen,
Es muss doch was im Werke sein!

Freilich, wenn sie dann in den Stuben
Im Schmuck der hellen Kerzen stehn,
Und den kleinen Mädchen und Buben
In die glänzenden Augen sehn.

Dann ist ihnen auf einmal, als hätte
Ihnen das alles schon mal geträumt,
Als sie noch im Wurzelbette
Den stillen Waldweg eingesäumt.

Dann stehen sie da, so still und selig,
Als wäre ihr heimlichstes Wünschen erfüllt,
Als hätte sich ihnen doch allmählich
Ihres Lebens Sinn enthüllt;

Als wären sie für Konfekt und Lichter
Vorherbestimmt, und es müsste so sein,
Und ihre spitzen Nadelgesichter
Sehen ganz verklärt darein.

Gustav Falke (1853–1916)

Weihnachten bei den Großeltern

Heut abend, als wir zu euch gingen,
Da war in der Luft ein leises Klingen,
Da war ein Rauschen, man wusst' nicht woher,
Als ob man in einem Tannenwald wär,
Da huschte vorüber und ging nicht aus
Ein heimliches Leuchten von Haus zu Haus.
Der Mond kam über die Dächer gesprungen:
„Wohin noch so spät, ihr kleinen Jungen?
Ihr müsst ja zu Bett, was fällt euch ein?"
Und lachte uns an mit vollem Schein.
Da lachten wir wieder: „Du alter Klöner,
Heut Abend ist alles anders und schöner.
Und glaubst du's nicht, kannst mit uns gehen,
Da wirst du ein blaues Wunder sehn."
Da sprang er leuchtend uns voran,
Bei diesem Hause hielt er an.
Wir gingen hinein mit froher Begier,
Und Klingen und Rauschen und Leuchten ist hier.

JAKOB LOEWENBERG (1856–1929)

Auf einem Berg aus Zuckerkant

Auf einem Berg aus Zuckerkant,
Unter einem blühenden Machandelbaum,
Blinkt mein Pfefferkuchenhäuschen.

Seine Fensterchen sind aus Goldpapier,
Aus seinem Schornstein raucht Watte.

Im grünen Himmel, über mir, rauscht die Weihnachtstanne.

In meinem See aus Staniol
Spiegeln sich alle ihre Engel, alle ihre Lichter!

Die kleinen Kinder stehn rum
Und staunen mich an.

Ich bin der Zwerg Turlitipu.

Mein dicker Bauch ist aus Traganth,
Meine Beinchen Streichhölzer,
Meine listigen Äugelchen
Korinthen.

Zwölf!

Durch die Gardinen in den Weihnachtsbaum
Scheint der Mond.

Alle Engelchen glitzern.

Im weißen Kleidchen schluchzt die Braut,
Wir halten Hochzeit.

Katerlieschen ist unsre Großmama,
Unser Großpapa heißt Rumpelstilzchen.

Eine uralte Familie!

Die ganze Sippschaft,
Alle Marzipanschweinchen sind geladen.

Leise,
Knisternd,
Seinen Segen,
Singt der Weihnachtsstern.

ARNO HOLZ (1863–1929)

Weihnachtslied

Vom Himmel in die tiefsten Klüfte
Ein milder Stern herniederlacht;
Vom Tannenwalde steigen Düfte
Und hauchen durch die Winterlüfte,
Und kerzenhelle wird die Nacht.

Mir ist das Herz so froh erschrocken,
Das ist die liebe Weihnachtszeit!
Ich höre ferne Kirchenglocken
Mich lieblich heimatlich verlocken
In märchenstille Herrlichkeit.

Ein frommer Zauber hält mich wieder,
Anbetend, staunend muss ich stehn;
Es sinkt auf meine Augenlider
Ein goldner Kindertraum hernieder,
Ich fühl's, ein Wunder ist geschehn.

THEODOR STORM (1817–1888)

Weihnachtszeit

Die Weihnachtszeit ist wieder da
Mit Tannen und mit Lichtern,
Ich stünde gern als Herr Papa
Unter lachenden Gesichtern;
Doch ach, zu fremdem Gänse-Genuss
Nach Brompton fahr' ich im Omnibus,
Es geht nun mal nicht anders.

Gern kröch ich umher mit meinem boy
Wie der Sohn der Jeanne d'Albret
Und stimmte mit ein, bei Hott und Hoi,
In sein Lachen und Gedalbre;
Doch die Abschlagszahlung auf meinem Wunsch
Heißt „66" und Whisky-Punsch –
Es geht nun mal nicht anders.

Die Stunden gehen, die Tage gehen,
Vergehen immer geschwinder,
Es kommt, will's Gott, ein Wiedersehn,
Es kommen Frau und Kinder,
Es ist der Trennung bald genug
Und leer wird auch ein bittrer Krug,
Es geht nun mal nicht anders.

Theodor Fontane (1819–1898)

Ich steh an deiner Krippen hier

Ich steh an deiner Krippe hier,
O Jesu , du mein Leben;
Ich komme, bring und schenke dir,
Was du mir hast gegeben.
Nimm hin, es ist mein Geist und Sinn
Herz, Seel und Mut nimm alles hin
Und lass dir's wohlgefallen.

Du hast mit deiner Lieb erfüllt
Mein Adern und Geblüte;
Dein schöner Glanz, dein süßes Bild
Liegt mir ganz im Gemüte.
Und wie mag es auch anders sein?
Wie könnt ich dich, du Herze mein,
Aus meinem Herzen lassen.

Da ich noch nicht geboren war,
Da bist du mir geboren
Und hast mich dir zu eigen gar,
Eh ich dich kannt, erkoren.
Eh ich durch deine Hand gemacht,
Da hast du schon bei dir bedacht,
Wie du mein wolltest werden.

Ich lag in tiefster Todesnacht,
Du warest meine Sonne,
Die Sonne, die mir zugebracht
Licht, Leben, Freud und Wonne.
0 Sonne, die das werte Licht
Des Glaubens in mir zugericht',
Wie schön sind deine Strahlen!

Ich sehe dich mit Freuden an
Und kann mich nicht satt sehen;
Und weil ich nun nichts weiter kann,
Bleib ich anbetend stehen.
O dass mein Sinn ein Abgrund wär
Und meine Seel ein weites Meer,
Dass ich dich möchte fassen!

Wann oft mein Herz im Leibe weint
Und keinen Trost kann finden,
Rufst du mir zu: „Ich bin dein Freund,
Ein Tilger deiner Sünden.
Was trauerst du, o Bruder mein?
Du sollst ja guter Dinge sein,
Ich zahle deine Schulden."

O dass doch so ein lieber Stern
Soll in der Krippen liegen!
Für edle Kinder großer Herrn
Gehören güldne Wiegen.
Ach Heu und Stroh ist viel zu schlecht,
Samt, Seide, Purpur wären recht,
Dies Kindlein drauf zu legen!

Nehmt weg das Stroh, nehmt weg das Heu,
Ich will mir Blumen holen,
Dass meines Heilands Lager sei
Auf lieblichen Violen;
Mit Rosen, Nelken, Rosmarin
Aus schönen Gärten will ich ihn
Von oben her bestreuen.

Zur Seite will ich hier und dar
Viel weißer Lilien stecken,
Die sollen seiner Äuglein Paar
Im Schlafe sanft bedecken.
Doch liebt viel mehr das dürre Gras
Dies Kindlein als alles das,
Was ich hier nenn und denke.

Du fragest nicht nach Lust der Welt
Noch nach des Leibes Freuden;
Du hast dich bei uns eingestellt,
An unsrer Statt zu leiden,
Suchst meiner Seele Herrlichkeit
Durch Elend und Armseligkeit,
Dass will ich dir nicht wehren.

Eins aber, hoff ich, wirst du mir,
Mein Heiland, nicht versagen,
Dass ich dich möge für und für
In meinem Herzen tragen.
So lass mich doch dein Kripplein sein;
Komm, komm und lege bei mir ein,
Dich und all deine Freuden.

Paul Gerhardt (1607–1676)

Weihnachtslied

Als das Christkind war zur Welt gebracht,
Das uns von der Hölle gerettet,
Da lag's auf der Krippe bei finstrer Nacht,
Auf Stroh und Heu gebettet;
Doch über der Hütte glänzte der Stern,
Und der Ochse küsste den Fuß des Herrn.
Halleluja, Kind Jesus!

Ermanne dich, Seele, die krank und matt,
Vergiss die nagenden Schmerzen.
Ein Kind ward geboren in Davids Stadt
Zum Trost für alle Herzen.
O lasst uns wallen zum Kindlein hin,
Und Kinder werden in Geist und Sinn.
Halleluja, Kind Jesus!

HANS CHRISTIAN ANDERSEN (1805–1875)

Schenken

Schenke groß oder klein,
Aber immer gediegen.
Wenn die Bedachten
Die Gaben wiegen,
Sei dein Gewissen rein.

Schenke herzlich und frei.
Schenke dabei
Was in dir wohnt
An Meinung, Geschmack und Humor,
sodass die eigene Freude zuvor
Dich reichlich belohnt.

Schenke mit Geist ohne List.
Sei eingedenk,
Dass dein Geschenk
Du selber bist.

JOACHIM RINGELNATZ (1883–1934)

Weihnachtschnee

Ihr Kinder, sperrt die Näschen auf,
Es riecht nach Weihnachtstorten;
Knecht Ruprecht steht am Himmelsherd
Und bäckt die feinsten Sorten.

Ihr Kinder, sperrt die Augen auf,
Sonst nehmt den Operngucker:
Die große Himmelsbüchse, seht,
Tut Ruprecht ganz voll Zucker.

Er streut – die Kuchen sind schon voll –
Er streut – na, das wird munter:
Er schüttelt die Büchse und streut und streut
Den ganzen Zucker runter.

Ihr Kinder sperrt die Mäulchen auf,
Schnell! Zucker schneit es heute;
Fangt auf, holt Schüsseln – ihr glaubt es nicht?
– Ihr seid ungläubige Leute!

PAULA DEHMEL (1862–1918)

Vor dem Christbaum

Da guck einmal, was gestern Nacht
Christkindlein alles mir gebracht:
Ein Räppchen,
Ein Wägelein;
Ein Käppchen
Und ein Krägelein;
Ein Tütchen
Und ein Rütchen;
Ein Büchlein
Voller Sprüchlein;
Das Tütchen, wenn ich fleißig lern,
Ein Rütchen, tät ich es nicht gern,
Und nun erst gar den Weihnachtsbaum,
Ein schönrer steht im Walde kaum.
Ja, schau nur her und schau nur hin
Und schau, wie ich so glücklich bin!

Friedrich Wilhelm Güll (1812–1879)

Christnacht

Wieder mit Flügeln, aus Sternen gewoben,
Senkst du herab dich, o heilige Nacht;
Was durch Jahrhunderte alles zerstoben,
Du noch bewahrst deine leuchtende Pracht.
Ging auch der Welt schon der Heiland verloren,
Der sich dem Dunkel der Zeiten entrang,
Wird er doch immer aufs Neue geboren,
Nahst du, Geweihte, dem irdischen Drang.
Selig durchschauernd kindliche Herzen,
Bist du des Glaubens süßester Rest;
Fröhlich begangen bei flammenden Kerzen,
Bist du das schönste, menschlichste Fest.

FERDINAND VON SAAR (1833–1906)

Die Weihnachtsmaus

Die Weihnachtsmaus ist sonderbar
(Sogar für die Gelehrten),
Denn einmal nur im ganzen Jahr
Entdeckt man ihre Fährten.

Mit Fallen oder Rattengift
Kann man die Maus nicht fangen.
Sie ist, was diesen Punkt betrifft,
Noch nie ins Garn gegangen.

Das ganze Jahr macht diese Maus
Den Menschen keine Plage.
Doch plötzlich aus dem Loch heraus
Kriecht sie am Weihnachtstage.

Zum Beispiel war vom Festgebäck,
Das Mutter gut verborgen,
Mit einem Mal das Beste weg
Am ersten Weihnachtsmorgen.

Da sagte jeder rundheraus:
Ich hab es nicht genommen!
Es war bestimmt die Weihnachtsmaus,
Die über Nacht gekommen.

Ein andres Mal verschwand sogar
Das Marzipan von Peter,
Was seltsam und erstaunlich war,
Denn niemand fand es später.

Der Christian rief rundheraus:
Ich hab' es nicht genommen!
Es war bestimmt die Weihnachtsmaus,
Die über Nacht gekommen.

Ein drittes Mal verschwand vom Baum,
An dem die Kugeln hingen,
Ein Weihnachtsmann aus Eierschaum
Nebst andren leckren Dingen.

Die Nelly sagte rundheraus:
Ich habe nichts genommen!
Es war bestimmt die Weihnachtsmaus,
Die über Nacht gekommen.

Und Ernst und Hans und der Papa,
die riefen: Welche Plage!
Die böse Maus ist wieder da,
Und just am Feiertage!

Nur Mutter sprach kein Klagewort.
Sie sagte unumwunden:
Sind erst die Süßigkeiten fort,
Ist auch die Maus verschwunden!

Und wirklich wahr: die Maus blieb weg,
Sobald der Baum geleert war,
Sobald das letzte Festgebäck
Gegessen und verzehrt war.

Sagt jemand nun, bei ihm zu Haus –
Bei Fränzchen oder Lieschen –
Da gab es keine Weihnachtsmaus,
Dann zweifle ich ein bisschen!

Doch sag ich nichts, was jemand kränkt!
Das könnte euch so passen!
Was man von Weihnachtsmäusen denkt,
Bleibt jedem überlassen!

JAMES KRÜSS (1926–1997)

Der Weihnachtsaufzug

Bald kommt die liebe Weihnachtszeit,
Worauf die ganze Welt sich freut;
Das Land, so weit man sehen kann,
Sein Winterkleid hat angetan.
Schlaf überall; es hat die Nacht
Die laute Welt zur Ruh gebracht –
Kein Sternenlicht, kein grünes Reis,
Der Himmel schwarz, die Erde weiß.
Da blinkt von fern ein heller Schein –
Was mag das für ein Schimmer sein?
Weit übers Feld zieht es daher,
Als ob's ein Kranz von Lichtern wär',
Und näher rückt es hin zur Stadt,
Obgleich verschneit ist jeder Pfad.
Ei seht, ei seht! Es kommt heran!
Oh, schauet doch den Aufzug an!
Zu Ross ein wunderlicher Mann
Mit langem Bart und spitzem Hute,
In seinen Händen Sack und Rute.
Sein Gaul hat gar ein bunt Geschirr,
Von Schellen dran ein blank Gewirr;
Am Kopf des Gauls, statt Federzier,
Ein Tannenbaum voll Lichter hier;
Der Schnee erglänzt in ihrem Schein,
Als wär's ein Meer von Edelstein. –
Wer aber hält den Tannenzweig?
Ein Knabe, schön und wonnereich;
's ist nicht ein Kind von unsrer Art,

Hat Flügel an dem Rücken zart. –
Das kann fürwahr nichts andres sein,
Als wie vom Himmel ein Engelein!
Nun sagt mir, Kinder, was bedeut't
Ein solcher Zug in solcher Zeit? –
Was das bedeut't? Ei, seht doch an,
Da frag ich grad beim Rechten an!
Ihr schelmischen Gesichterchen,
Ich merk's, ihr kennt die Lichterchen,
Kennt schon den Mann mit spitzem Hute,
Kennt auch den Baum, den Sack, die Rute.
Der alte bärt'ge Ruprecht hier,
Er pocht' schon oft an eure Tür;
Droht' mit der Rute bösen Buben;
Warf Nüss' und Äpfel in die Stuben
Für Kinder, die da gut gesinnt. –
Doch kennt ihr auch das Himmelskind?
Oft bracht' es ohne euer Wissen,
Wenn ihr noch schlieft in weichen Kissen,
Den Weihnachtsbaum zu euch ins Haus,
Putzt' wunderherrlich ihn heraus;
Geschenke hing es bunt daran
Und steckt' die vielen Lichter an;
Flog himmelwärts und schaute wieder
Von dort auf euren Jubel nieder.
O Weihnachtszeit, du schöne Zeit,
So überreich an Lust und Freud'!
Hör doch der Kinder Wünsche an

Und komme bald, recht bald heran,
Und schick uns doch, wir bitten sehr,
Mit vollem Sack den Ruprecht her.
Wir fürchten seine Rute nicht,
Wir taten allzeit unsre Pflicht.
Drum schick uns auch den Engel gleich
Mit seinem Baum, an Gaben reich.
O Weihnachtszeit, du schöne Zeit,
Worauf die ganze Welt sich freut!

Robert Reinick (1805–1852)

Winternacht

Dämmerstille Nebelfelder,
Schneedurchglänzte Einsamkeit,
Und ein wunderbarer weicher
Weihnachtsfriede weit und breit.
Nur mitunter, windverloren,
Zieht ein Rauschen durch die Welt,
Und ein leises Glockenklingen
Wandert übers stille Feld.
Und dich grüßen alle Wunder,
Die am lauten Tag geruht,
Und dein Herz singt Kinderlieder,
Und dein Sinn wird fromm und gut.
Und dein Blick ist voller Leuchten,
Längst Entschlaf'nes ist erwacht …
Und so gehst du durch die stille
Wunderweiche Winternacht.

WILHELM LOBSIEN (1872–1947)

Weihnachten

O heil'ge Nacht, ersehnt in Kinderträumen,
Du Freudenfest für alle Christenherzen,
Du kamst und hell von tausen Tannenbäumen
Begrüßt dich der Glanz der Weihnachtskerzen:
Ihr Schein durchleuchtet mild die Winternacht,
In der in aller Welt die Liebe wacht.

Von allen Türmen ruft ein festlich Läuten,
Und durch die stille Nacht bei Schnee und Wind
Zum Haus des Herrn andächt'ge Menschen schreiten,
Zu grüßen dort das neugeborne Kind,
Das einst die sündenvolle Erdenwelt
Mit seines Lichtes Fülle hat erhellt.

Und frommer Sinn erblicket Betlehems Palmen,
Er sieht in Himmelsglanz die Engel schweben,
Er hört der armen Hirten Jubelpsalmen
Und schaut, wie sie mit andachtsvollem Beben
Sich beugen vor dem Kind auf Stroh und Heu –
Und Betlehems Wunder wird alljährlich neu.

O blick in deines Kindes Augensterne,
Wenn du den Glauben ihm nicht geraubt
Und hör aus seinem Munde, wie so gerne
Es an das Christkind und sein Kommen glaubt:
Dann fühlst du, wie dich still ein Weh erfasst,
Weil du nicht mehr den Kinderglauben hast.

Drum lasset froh bei lichtbestrahlten Bäumen
In dieser Nacht bei Klang der Weihnachtslieder
Noch lange harmlos euer Kindlein träumen,
Und werdet mit ihm selbst zum Kinde wieder,
Der Strahl, der fromm aus seinen Augen bricht,
Er birgt für euch der Weihnacht schönstes Licht.

Anton Joseph Ohorn (1846–1924)

Seht! der jetzt hier vor euch steht

(…) Seht! der jetzt hier vor euch steht,
Ist ein Engel aus dem Himmel,
Von den Sternen hergeweht,
Ach, ins irdische Gewimmel.

Mit Knecht Ruprecht ging ich viel
Vor den schönen Christkindtagen;
Immer neu war unser Ziel,
Seinen Rucksack half ich tragen.

Unsrer Gaben Fülle lag
Fest verschlossen in Verstecken,
Dass nicht vor dem Jesustag
Naseweischen sie entdecken.

Ein Klein-Lottchen konnt' ich sehn,
Mit dem Brüderchen, dem Fritzen:
Suchten emsig auf den Zehn
Schlüsselloch und Türenritzen.

Kinder, ward der alte Mann
Böse, zeigte schon die Rute!
Doch ich sprach ihn freundlich an,
Bis ihm wieder lieb zumute.

Und nun trägt vom hellen Baum
Jeder seinen Schatz in Händen,
Und er lässt sich selbst im Traum
Die Geschenke nicht entwenden.

Ganz besonders diesmal fand
Märchenbuch ich und Geschichten;
Denn ich kam in jenes Land,
Wo die Menschen alle dichten.

Bleibt ihr artig, kleine Schar,
Wird Knecht Ruprecht an euch denken,
Bringt euch auch im nächsten Jahr
Einen Sack voll von Geschenken.

Und dann steht ihr wie im Traum,
Und von neuem seht ihr wieder
Kerzenglanz und Tannenbaum
Und hört alte Weihnachtslieder. (…)

Detlev von Liliencron (1844–1909)

Der Christabend

Mit stillem Schweigen sinket herab die heil'ge Nacht,
Gar hell und lieblich blinket des Abendsternes Pracht;
Als wollte er mich fragen, wer heut geboren ist:
Ich kann es ihm wohl sagen, es ist der heil'ge Christ.

Der Heil'ge kam von oben und war der Kinder Freund,
Ihn will ich liebend loben, dass er's so gut gemeint,
Voll Milde und Erbarmen, mit Vaterlieb' und Lust,
Trug er sie auf den Armen, drückt er sie an die Brust.

Wohl nicht in Menschenweise wohnt er auf Erden mehr,
Nur unsichtbar und leise noch wandelt er umher;
Er suchet seine Kleinen und sucht von Haus zu Haus,
Und wo sie fromm erscheinen, da geht er ein und aus.

Ich will zur Ruh' mich legen, und betend schlaf' ich ein!
Ich träum' von seinen Segen und möchte bei ihm sein.
Möchte ihm mich dankend neigen, dem lieben, heil'gen Christ,
Der in der Weihnacht Schweigen so nah den Kindern ist.

Karl Ludwig Theodor Lieth (1776–1850)

Es gibt so wunderweiße Nächte

Es gibt so wunderweiße Nächte,
Drin alle Dinge Silber sind.
Da schimmert mancher Stern so lind,
Als ob er fromme Hirten brächte
Zu einem neuen Jesuskind.

Weit wie mit dichtem Diamantenstaube
Bestreut, erscheinen Flur und Flut,
Und in die Herzen, traumsgemut,
Steigt ein kapellenloser Glaube,
Der leise seine Wunder tut.

RAINER MARIA RILKE (1875–1926)

Vor Weihnachten

Die Kindlein sitzen im Zimmer
– Weihnachten ist nicht mehr weit –
Bei traulichem Lampenschimmer
Und jubeln: »Es schneit, es schneit!«

Das leichte Flockengewimmel,
Es schwebt durch die dämmernde Nacht
Herunter vom hohen Himmel
Vorüber am Fenster so sacht.

Und wo ein Flöckchen im Tanze
Den Scheiben vorüberschweift,
Da flimmert's in silbernem Glanze,
Vom Lichte der Lampe bestreift.

Die Kindlein sehn's mit Frohlocken,
Sie drängen ans Fenster sich dicht,
Sie verfolgen die silbernen Flocken,
Die Mutter lächelt und spricht:

»Wisst, Kinder, die Engelein schneidern
Im Himmel jetzt früh und spät;
An Puppenbettchen und Kleidern
Wird auf Weihnachten genäht.

Da fällt von Säckchen und Röckchen
Manch silberner Flitter beiseit,
Von Bettchen manch Federflöckchen;
Auf Erden sagt man: Es schneit.

Und seid ihr lieb und vernünftig,
Ist manches für euch auch bestellt;
Wer weiß, was Schönes euch künftig
Vom Tische der Engelein fällt!«

Die Mutter spricht's; – vor Entzücken
Den Kleinen das Herz da lacht;
Sie träumen mit seligen Blicken
Hinaus in die zaubrische Nacht.

Karl von Gerok (1815–1890)

Weihnachten

Die eisige Straße mit Schienengeleisen,
Die Häusermaße in steinernen Reih'n,
Der Schnee in Haufen, geisterweißen,
Und der Tag, der blasse, mit kurzem Schein.

Der Kirchtüre Flügel sich stumm bewegen,
Die Menschen wie Schatten zur Türspalte gehn;
Bekreuzen die Brust, kaum dass sie sich regen,
Als grüßen sie jemand, den sie nur sehn.

Ein Kindlein aus Wachs, auf Moos und Watten,
Umgeben von Mutter und Hirten und Stall,
Umgeben vom Kommen und Gehen der Schatten,
Liegt da wie im Mittelpunkte des All.

Und Puppen als Könige, aus goldnen Papieren,
Und Mohren bei Palmen, aus Federn gedreht,
Sie kamen auf kleinen und hölzernen Tieren,
Knien tausend und tausend Jahr im Gebet.

Sie neigen sich vor den brennenden Kerzen;
Als ob im Arm jedem ein Kindlein schlief,
Siehst du sie atmen mit behutsamen Herzen
Und lauschen, ob das Kind sie beim Namen rief.

MAX DAUTHENDEY (1867–1918)

An der Straßenecke

An der Straßenecke, in der Häuser Gedränge,
In der Großstadt wogender Menschenmenge,
Inmitten von Wagen, Karren, Karossen
Ist heimlich ein Märchenwald entsprossen,
Von leisem Glockenklingen durchhallt:
Von Weihnachtsbäumen ein Tannenwald.
Da hält ein Wagen, ein Diener steigt aus
Und nimmt den größten Baum mit nach Haus.
Ein Mütterchen kommt, und prüft und wägt,
Bis endlich den rechten sie heimwärts trägt.
Verloren zur Seite ein Stämmchen stand,
Das fasste des Werkmanns ruhige Hand.
So sah ich einen Baum nach den andern
In Schloss und Haus und Hütte wandern,
Und schimmernd zog mit jedem Baum
Ein duftiger, glänzender Märchentraum. –
Frohschaukelnd auf der Zweige Spitzen
Schneeweißgeflügelte Englein sitzen.
Die einen spielen auf Zinken und Flöten,
Die andern blasen die kleinen Trompeten,
Die wiegen Puppen, die tragen Konfekt,
Die haben Bleisoldaten versteckt,
Die schieben Puppentheaterkulissen,
Die werfen sich mit goldenen Nüssen,
Und ganz zuhöchst, in der Hand einen Kringel,
Steht triumphierend ein pausbackiger Schlingel.
Da tönt ein Singen, ein Weihnachtsreigen –
Verschwunden sind alle zwischen den Zweigen.

Am Tannenbaum hängt, was in Händen sie trugen.
Ein Jubelschrei schallt; und von unten lugen
Mit Äuglein, hell wie Weihnachtslichter,
Glückselig lachende Kindergesichter.

JAKOB LOEWENBERG (1856–1929)

Du allerschönstes Bild

Du allerschönstes Bild, wem soll ich dich vergleichen?
Den weißen Lilien? Dem bunten Tausendschön?
Dem Zucker-Röselein? Ach nein, denn sie vergehn,
Verdorren und verbleichen.

Vielleicht soll ich dich die güldne Sonne nennen?
Den silberfarbnen Mond? Den schönen Morgenstern?
Vielleicht die Morgenröt? Ach nein, es fehlet fern:
Ich müsste dich verkennen.

Die Sonne borgt von dir ihr Licht und alle Strahlen,
Der Monde seinen Schein, die Sterne ihren Glanz,
Die Rötin ihre Zier, der Himmel muss sich ganz
Von deiner Schönheit malen.

Vielleichte gleichst du dem Blitz der Seraphinen?
Dem Thronen-Könige? Dem schönsten Engelein?
Dem Cherubiner-Fürst? Ach nein, es kann nicht sein,
Sie müssen dich bedienen.

Nun schau, ich finde nichts. Weil ichs doch an soll zeigen,
So sag ich klar und frei, dass du, o Jesu Christ,
Die ewge Schönheit selbst und unvergleichlich bist:
Drum ist es besser schweigen.

ANGELUS SILESIUS (1624–1677)

Epiphanias-Fest

Die heilgen drei König' mit ihrem Stern,
Sie essen, sie trinken, und bezahlen nicht gern;
Sie essen gern, sie trinken gern,
Sie essen, trinken, und bezahlen nicht gern.

Die heilgen drei König', sie kommen allhier,
Es sind ihrer drei und sind nicht ihrer vier;
Und wenn zu dreien der vierte wär,
So wär ein heilger drei König mehr.

Ich erster bin der weiß und auch der schön,
Bei Tage solltet ihr erst mich sehn!
Doch ach, mit allen Spezerein
Werd ich sein Tag kein Mädchen mir erfrein.

Ich aber bin der braun und bin der lang,
Bekannt bei Weibern wohl und bei Gesang.
Ich bringe Gold statt Spezerein,
Da werd ich überall willkommen sein.

Ich endlich bin der schwarz und bin der klein,
Und mag euch wohl einmal recht lustig sein.
Ich esse gern, ich trinke gern,
Ich esse, trinke und bedanke mich gern.

Die heilgen drei König' sind wohlgesinnt,
Sie suchen die Mutter und das Kind;
Der Joseph fromm sitzt auch dabei,
Der Ochs und Esel liegen auf der Streu.

Wir bringen Myrrhen, wir bringen Gold,
Dem Weihrauch sind die Damen hold;
Und haben wir Wein von gutem Gewächs,
So trinken wir drei so gut als ihrer sechs.

Da wir nun hier schöne Herrn und Fraun,
Aber keine Ochsen und Esel schaun,
So sind wir nicht am rechten Ort
Und ziehen unseres Weges weiter fort.

Johann Wolfgang von Goethe (1749–1832)

Sankt Niklas' Auszug

Sankt Niklas zieht den Schlafrock aus,
Klopft seine lange Pfeife aus
Und sagt zur heiligen Kathrein:
Öl mir die Wasserstiefel ein,
Bitte hol auch den Knotenstock
Vom Boden und den Fuchspelzrock,
Die Mütze lege oben drauf,
Und schütte dem Esel tüchtig auf,
Halt auch sein Sattelzeug bereit;
Wir reisen, es ist Weihnachtszeit.
Und dass ich's nicht vergess, ein Loch
Ist vorn im Sack, das stopfe noch!
Ich geh derweil zu Gottes Sohn
Und hol mir meine Instruktion.

Die heilige Käthe, sanft und still,
Tut alles, was Sankt Niklas will.
Der klopft indes beim Herrgott an,
Sankt Peter hat ihm aufgetan
Und sagt: Grüß Gott! wie schaut's denn aus?
Und führt ihn ins himmlische Werkstättenhaus.

Da sitzen die Englein an langen Tischen,
Ab und zu Feen dazwischen,
Die den kleinsten zeigen, wie's zu machen,
Und weben und kleben die niedlichsten Sachen,
Hämmern und häkeln, schnitzen und schneidern,
Fälteln die Stoffe zu zierlichen Kleidern,
Packen die Schachteln, binden sie zu
Und haben so glühende Bäckchen wie Du.
Herr Jesus sitzt an seinem Pult
Und schreibt mit Liebe und Geduld
Eine lange Liste. Potz Element,
Wieviel artige Kinder Herr Jesus kennt!
Die sollen die schönen Engelsgaben
Zu Weihnachten haben.

Was fertig ist, wird eingepackt
Und auf das Eselchen gepackt.
Sankt Niklas zieht sich recht warm an;
Kinder, er ist ein alter Mann,
Und es fängt tüchtig an zu schnein,
Da muss er schon vorsichtig sein.

So geht es durch die Wälder im Schritt,
Manch Tannenbäumchen nimmt er mit;
Und wo er wandert, bleibt im Schnee
Manch Futterkörnchen für Hase und Reh.
Aus Haus und Hütte strahlt es hell,
Da hebt er dem Esel den Sack vom Fell,
Macht leise alle Türen auf,

Jubelnd umdrängt ihn der kleine Hauf:
Sankt Niklas, Sankt Niklas,
Was hast du gebracht?
Was haben die Englein
Für uns gemacht?
„Schön Ding, gut Ding,
Aus dem himmlischen Haus;
Langt in den Sack! holt euch was raus!"

Paula Dehmel (1862–1918)

Der erste Weihnachtsbaum im eigenen Heim

Du warst mir heilig immer
Seit früh'stem Kindheitstraum
Im goldnen Strahlenschimmer,
Du lichter Tannenbaum!

Wie ich in Nacht mich härmend,
Auch rang in tiefster Qual,
Du sandtest, still erwärmend,
In meine Brust den Strahl!

Doch heut zum schönsten Feste,
Heut strahle wie noch nie!
Streck' segnend deine Äste
Hin über mich und sie!

Flamm' auf im Glanz der Kerzen! –
Oh wie du schön erscheinst,
Nun du zwei junge Herzen
Zum ersten Mal vereinst!

Ernst Scherenberg (1839–1905)

Und wieder nun lässt aus dem Dunkeln

Und wieder nun lässt aus dem Dunkeln
Die Weihnacht ihre Sterne funkeln!
Die Engel im Himmel hört man sich küssen
Und die ganze Welt riecht nach Pfeffernüssen …

So heimlich war es die letzten Wochen,
Die Häuser nach Mehl und Honig rochen,
Die Dächer lagen dick verschneit
Und fern, noch fern schien die schöne Zeit.
Man dachte an sie kaum dann und wann.
Mutter teigte die Kuchen an
Und Vater, dem mehr der Lehnstuhl taugte,
Saß daneben und las und rauchte.
Da plötzlich, eh man sich's versah,
Mit einem Mal war sie wieder da.

Mitten im Zimmer steht nun der Baum!

Man reibt sich die Augen und glaubt es kaum …
Die Ketten schaukeln, die Lichter wehn,
Herrgott, was gibt's da nicht alles zu sehn!
Die kleinen Kügelchen und hier
Die niedlichen Krönchen aus Goldpapier!
Und an all den grünen, glitzernden Schnürchen
All die unzähligen, kleinen Figürchen:
Mohren, Schlittschuhläufer und Schwälbchen,
Elephanten und kleine Kälbchen,
Schornsteinfeger und trommelnde Hasen,
Dicke Kerle mit roten Nasen,
Reiche Hunde und arme Schlucker
Und Alles, Alles aus purem Zucker!

Ein alter Herr mit weißen Bäffchen
Hängt grade unter einem Äffchen.
Und hier gar schält sich aus seinem Ei
Ein kleiner, geflügelter Nackedei.
Und oben, oben erst in der Krone!
Da hängt eine wirkliche, gelbe Kanone
Und ein Husarenleutnant mit silbernen Tressen –
Ich glaube wahrhaftig, man kann ihn essen!

In den offenen Mäulerchen ihre Finger,
Stehn um den Tisch die kleinen Dinger,
Und um die Wette mit den Kerzen
Puppern vor Freuden ihre Herzen.
Ihre grossen, blauen Augen leuchten,
Indess die unsern sich leise feuchten.
Wir sind ja leider schon längst „erwachsen",
Uns dreht sich die Welt um andre Achsen

Und zwar zumeist um unser Büreau.
Ach, nicht wie früher mehr macht uns froh
Aus Zinkblech eine Eisenbahn,
Ein kleines Schweinchen aus Marzipan.
Eine Blechtrompete gefiel uns einst sehr,
Der Reichstag interessiert uns heut mehr;
Auch sind wir verliebt in die Regeldetri
Und spielen natürlich auch Lotterie.
Uns quälen tausend Siebensachen.
Mit einem Wort, um es kurz zu machen,
Wir sind große, verständige, vernünftige Leute!

Nur eben heute nicht, heute, heute!

Über uns kommt es wie ein Traum,
Ist nicht die Welt heut ein einziger Baum,
An dem Millionen Kerzen schaukeln?
Alte Erinnerungen gaukeln
Aus fernen Zeiten an uns vorüber
Und jede klagt: Hinüber, hinüber!
Und ein altes Lied fällt uns wieder ein:
O selig, o selig, ein Kind noch zu sein!

Arno Holz (1863–1929)

VERLAGSGRUPPE PATMOS

**PATMOS
ESCHBACH
GRÜNEWALD
THORBECKE
SCHWABEN**

Die Verlagsgruppe
mit Sinn für das Leben

Bildnachweis:
akg-images: 9, 31; Bridgeman Berlin: 19, 49, 57.
Der Verlag dankt den Rechteinhabern für die freundliche Genehmigung zum Abdruck.

Textnachweis:
S. 4 und 33: Aus: James Krüss: Der wohltemperierte Leierkasten. 12 mal 12 Gedichte für Kinder, Eltern und andere Leute © 1989 C. Bertelsmann Jugendbuch Verlag, München, ein Unternehmen der Verlagsgruppe Random House GmbH.

Für die Schwabenverlag AG ist Nachhaltigkeit ein wichtiger Maßstab ihres Handelns. Wir achten daher auf den Einsatz umweltschonender Ressourcen und Materialien. Dieses Buch wurde auf FSC®-zertifiziertem Papier gedruckt. FSC (Forest Stewardship Council®) ist eine nicht staatliche, gemeinnützige Organisation, die sich für eine ökologische und sozial verantwortliche Nutzung der Wälder unserer Erde einsetzt.

Alle Rechte vorbehalten
© 2012 Jan Thorbecke Verlag der Schwabenverlag AG, Ostfildern
www.thorbecke.de

Gestaltung: Finken & Bumiller, Stuttgart, Chandima Soysa
Druck: Firmengruppe APPL, Wemding
Hergestellt in Deutschland
ISBN 978-3-7995-0736-3